눈물이 나요

한국예술인복지재단 KOREAN ARTISTS WELFARE FOUNDATION

이 책은 2025년 한국예술인복지재단
예술활동준비금지원사업으로 발간되었습니다.

라온현대시인선 07
눈물이 나요

박병래 시집

북랜드

| 시인의 말 |

여자이고
아내이고
엄마이고
며느리이고 이젠 할머니다

마음속 가두었던
말들을 끄집어내어
1집, 2집에 이어 3집을 토닥거려 앉힌다

좋은 친구들
좋은 사람들 곁에 있어 행복하다

열심히 살아왔다고 생각했지만,
버릴 것이 너무 많아서
지워내고 남은 것만 채웠지만
아쉬움이 남는 것은 어쩔 수 없는 것 같다

허약하게 자라왔던 막내딸
여기까지 잘 살고 있는데
효도 한 번 받지 못하고
하늘길 따라 떠나신
어머니, 아버지, 큰오빠께 이 시집을 바친다.

2025 초가을 佳炅堂

박 병 래

차례

- |시인의 말| 4

1 / 꽃 지다

가을은 … 12
청려장靑藜杖 … 13
여정 … 14
벚꽃 지다 … 15
그냥 … 16
나는 누구인가 … 17
꿈·1 … 18
꿈·2 … 19
숨만 쉬어도 늙는다·1 … 20
숨만 쉬어도 늙는다·2 … 21
숨만 쉬어도 늙는다·3 … 22
떠난 자리 그 쓸쓸함 … 24
쓰봉 사천 원 … 26
열네 살, 나는 옹주다 … 27
한 점 꽃잎으로 … 28
물길을 따라 … 30
빗소리 까마귀 소리 … 31

2 세월

화양연화花樣年華 … 34
할미, 할미야 … 36
노송이 운다 … 37
아버지의 집 … 38
그곳이 집이었어 … 39
말을 참다 … 40
엄마의 목소리 … 41
저 바다는 … 42
시를 짓는다는 건 … 43
어쩔 수 없는 운명 … 44
안동은 검은 연기 … 46
기억의 편린들 … 48
사랑과 영혼 … 49
3월 26일 안동 산불 … 50
안동 산불 속엔 … 52
잔인했던 삼월 그믐쯤과 사월 초 … 53
그만하고 싶습니다 … 54
안동 산불이 가져간 사랑 … 56
눈물이 나요 · 1 … 57
눈물이 나요 · 2 … 58
눈물이 나요 · 3 … 59

3 향기

풀을 베다 … 62
참깨꽃 … 63
풀꽃 … 64
허무하다 … 65
구순의 새언니 … 66
네 잎 클로버 … 67
가시박꽃 … 68
아가의 울음소리 … 69
들국화 … 70
잔대꽃 … 71
중년의 삶 … 72
희망과 고통 … 73
산해당화 술 … 74
강아지풀꽃 … 75
꼭두서니꽃 … 76
아직은 이대로 … 77
제비꽃 … 78
미소다방 … 79

4 상흔

길을 걷다 ⋯ 82
바람 되어 ⋯ 83
말 그 한 마디의 상처 ⋯ 84
잘났어 ⋯ 85
절름발이 나는 ⋯ 86
눈물의 사부곡 ⋯ 88
방콕에서 ⋯ 89
사랑이 무엇인지 ⋯ 90
어찌 고것밖에 못 사시었소 ⋯ 91
부부로 산다는 건 ⋯ 92
몽돌의 사랑 ⋯ 93
그땐 그랬어 ⋯ 94
그날의 아픔 ⋯ 95
이별은 아프다 ⋯ 96
밤을 주우며 ⋯ 97
빛바랜 털모자 ⋯ 98
노을 ⋯ 99
항아리 ⋯ 100
어깃장 ⋯ 101

| 해설 | 눈물의 시학, 치유와 공감의 언어
권갑하 ⋯ 103

1 꽃 지다

가을은

오늘 밤 저 달은 쉽게 잠들까

소녀의 감자알만 한 가슴에 햇살 내려와 안기며

거저 따라온 바람이 곁에 누워 물들이고 있음을

청려장靑藜杖

아버지 떠나셨다

팬데믹 세상에서

혹여, 아닐 거라 믿었건만

못된 코로나에 손 잡혀

그리 가실 줄 몰랐다

아버지 떠난 봉당 귀퉁이

청려장靑藜杖 하나

고요의 밤바람

살며시 품어 기다리고 있다는 것을

여정

얹혀산다는 게 삭막하고
고단한 여정이었을까

동짓섣달 초여드레 날
들어본 적도 없는 법음法音이
죽비를 들고 사방에 서 있다

미농지 파르르 떨듯
손가락 흔들림이
말은 없어도 아프고 시린데
눈빛으로 주고받던
순간의 고요가
산문 밖에 등불을 건다

바람이 휘돌아 나간다
모습도 없는
그 자리엔 아끼던 당신의 군화가 아닌
고무신 한 켤레와
동전 세 닢뿐 적막하다

벚꽃 지다

낮달이 바람을 이고와
잠 덜 깬 꽃잎을
스치듯 애무하고 돌아선다

깨어진 햇살 부끄러움에
몸을 떨며 벚꽃 반쯤 피었다

하르르 피는 꽃잎
향기를 어적어적 씹으며
사뿐히 날아드는
나비들의 웃음소리에
하늘의 세상이 아닌
짓밟힌 세상 땅 위에
몸을 누이는 꽃잎들

바람이 잔다 눕혀놓고

그냥

곱게 피워 올린 하얀 들국화
고개 숙이고 무슨 이야길 할까

우듬지에 올라앉아
하늘거리는
꽃들에게 물어본다

쓴 말을 꺼내 들려주었다

되돌아오는 건 또 다른 아픔

몇 해가 지나도
지워지지 않는
그들의 말이 바람 되어
흩어지지 않을 것 같은 오늘
그냥 잊을 걸 그냥 다

나는 누구인가

왜 그랬을까
그의 진정성 없는 행동
바라고 바란 건 아니지만,
갈수록 대담해지고 있다는 것

저리 익었을까 덜 여물었을까
혼자서는 살아갈 수 없는
세상을 혼자 큰다고
강조하는 그가 있다

어떤 말도
곧이곧대로 듣는 내가
줄 것도
받을 것도 없는 삶이
오늘따라
나는 누구인가 되돌아보는 하루다

꿈 · 1

와룡산
광풍농장
끄트머리 우듬지에 설 풍경이 곱다

어김없이
시집詩集 보따리
한 묶음 엮어 우편함에 넣었다

그 후,

꿈이었다 낙방

꿈 · 2

무성한 말들이 오고 간 날

웃는 이와

인상 쓴 두 얼굴을 본다

떨어진 글

조각 맞추듯 보냈는데

쫓아가다

바람에 걸려 넘어진 날

덮어 버렸다 글 조각 퍼즐을

숨만 쉬어도 늙는다 · 1

빛바랜 단풍잎과
구겨진 단풍잎이
마당에 떨어져 뒹굴고 있다

저렇듯 내 삶도
구겨지고 빛바랜 삶이었을까

스치고 지나가는
썰렁한 바람 한줄기에
등이 시린 어느 날

어깨 위로
떨어지는 낙엽을 툭 털며
주워든 낙엽 속에 그려진 자화상

쭈글쭈글 주름진 입술
웃음이 배어 나오는 찰나
나도 늙어가고 있다는 걸 깜빡했네

숨만 쉬어도 늙는다 · 2

삶의 꽃 시詩를 쓴다
붉어지는 눈가에
흐르는 눈물 조각을 주워
칸을 메우며 삶을 노래한다

허나, 채우는 만큼
또 비워진다는 건
놋숟가락에 낀
청녹을 벗겨내는 만큼 힘이 든다

씻어 문질러도
지워지지 않는 팔자주름
세월 가니 익어간다지만
언제 접혔는지 펴지질 않는다

내가 걸어가야 할 길이지만
달빛에 깎인 고갯마루 올라서
걸어가는 고요 속 그림자

숨만 쉬어도 늙는다 · 3

달빛이 한 곳으로 모여드는 밤
솟을대문 앞
별이가 꼬리를 흔들며 반긴다

목마른 현기증이
담장을 짚고 서 있지만
무심한 소나무 숲속 바람이 분다

자갈 깔린 봉당 뜰 안
나그네들의 소리 요란하다

옹기종기 붙어있는 작은 방
거친 숨소리 들어와
열정의 목소리 합쳐질 때
서까래 조용히 말을 담으며 내려다본다

황혼을 환호하는 숨 가쁜 언덕에서
서로의 다른 말들을 나누는데

목소리 높을수록 귀를 막고 싶은 오후
숨만 쉬어도 늙어가는 모습, 시리다

떠난 자리 그 쓸쓸함

어디서부터 꼬인 삶이었을까

삶이 편하고 행복했던 것도 잠시
기다리지 않아도
곁에 와 앉은 바람처럼 떠났을 것이다

굴곡진 삶을 살아온
그녀의 흔적을 따라
비와 함께 동행을 한다

이왕조종가결혼봉축비

제단에 몇 개의
빛바랜 꽃들이
느낄 수 없는 향기로 길을 연다

낮달이 떠 있는 이즈하라 가네이시성
이끼가 말라붙은 어깨 위로

고국의 향수를 가져다
몸속에 우겨 넣으니 빛으로 쉬어 가란다
떠난 자리 그 쓸쓸함으로 인해
스산한 바람이 옷깃을 잡는다

손으로 더듬어 본다
세월의 깊이를 흘려보내지 않고
돌꽃 한 점 품고 무심히 기다린 듯
반겨주는 이곳 잊힐까 아프다 가슴이

    * 2024 대마도 문학기행

쓰봉 사천 원

언제부터 저리 익었을까
꽃 터지자
와루루 쏟아지는 꽃비 속
영월장 정선장 도계장 통리장
둘러봐도 재밌고 슬프다

장날 풍경은 배도 부르다

봄이 바람에 넘어진 날
비 오는 길
짐을 챙기며 길을 나선다

거울 속에 비친
얼굴의 홍조 핀 피곤함이
누렇게 뜬 어느 날 돌아갈까
마지막 시장 어귀를 돌아들자
쓰봉 사천 원
웃음이 나서 힘이 났다

열네 살, 나는 옹주다

높다란 담장 안에 이는
바람 한 점도 따뜻하다
세월이 흘러갔어도
어머니 품속이다 대한민국은

조선의 열네 살 옹주로 떠나
폭풍우 치는 삶 속에
혼란 속 아픔 가득
불면의 밤을 다독이며
대한민국 품 안에 안겼다

두 손 합장하며
젖어오는 울림의 기억은 버리고
약하다는 것 부족함이었으니
남은 한恨 부질없다 허공에 걸쳐두고
해를 하나씩 걷어내고 바람꽃으로
하얀 수의 입은 날 행복했을까
바람에 이는 향기를 깨물어 본다

  * 2024 대마도 문학기행

한 점 꽃잎으로

너무 귀해서
너무 높아서
너무 힘들게 걸어온 여인이여

이유는 있었으리라
조선의 옹주이었기에

잊힐 듯 돌아오지 못한 건
꽃잎 하나 옆에 두고
희망의 등불 하나 켰는데
어느 날
바람에 날아가 버린 순간
삶을 놓아버린 것

삶을 부정하지도 못한 채
가늘어져 가는 숨소리
찬바람 줄기 오싹하게 흘린 것처럼
바람에 가슴속 쌓인 한을 내걸고

낙선재樂善齋에 한 점 꽃잎으로 영면
이즈하라 가네이시성 숲속
'이왕조종가결혼봉축비'
하나 세워 혼의 죄를 구했다

    * 2024 대마도 문학기행

물길을 따라

모천母川을 회귀하듯
이즈하라 하천길을 열어
물고기들이
떼를 지어 곁으로 온다

흔드는 영혼을 잠재우려는 듯
비루한 꽃잎 하나 멍들어 간 그곳을
바라보는 순간 미안하지 않았을까

그물 하나 툭 던져
밀려오는 물고기 잡아
매운탕 끓인다는 것도
왜, 미안하지가 않을까
당연하다 싶어지는 오후

하수구 물과 눈을 맞추는 동안
그들은 떼를 지어
요란스럽지도 않게 삶을 유영한다

이것을 보았을까 조선의 여인은

  * 2024 대마도 문학기행

빗소리 까마귀 소리

적막이 흐른다

바람이 품고 간
조선의 여인 모습은 간데없고
이끼 낀 비문만이
나를 바라볼 뿐 고요하다

빗소리 까마귀 울음소리 따라
조금씩 일어서는 이즈하라의 새벽
바람에 떨어진 나뭇잎들만 누워 있다

아이들의 소리가 없는 이즈하라 거리
작은 차들만 소리를 내며 달린다

삼나무 숲길 따라
모를 분노와 억울함을 내려놓고
돌아오는 뱃머리에 오르자
쓰시마의 섬은 안개 속에 멀어져만 간다

  * 2024 대마도 문학기행

2 / 세월

화양연화花樣年華

꽃 세 송이가 한꺼번에 울음을 운다

이미 고요가 아니란 걸 알았을 땐
온통 헛웃음뿐
누구를 안아 줄 수 없는
고민을 품은 할미가
충혈된 눈으로 그들을 바라본다

눈을 보며 등을 돌리며
등에 매달리는 꽃들이
어쩌면 고걸 보는
내 눈의 망막이
더 흐려질지도 몰라
선명한 무지개로 다가올 때
더 품어주며 비비고 싶다

정겨운 길 접어들며 마루 끝
증조할아버지

명아주 지팡이에 의존하여
꽃송이를 품으며
이빨 빠진 사이로 헛하게 웃는다

구십 년 기다리던 증손주들
니코틴 묻은 손 옷자락에 비비고
아고, 요 손들 어디서 왔노!
마지막 노래였다

할미, 할미야

안동 할미를 부르다
잠들었다는 꽃이
오늘 밤 꿈에 할미야 할미야를
흐느낌 속으로 불러들였다

얼굴을 맞대며
우주야 다섯 밤 자고 만나자
새끼손가락 걸고 헤어졌건만
고요를 뒤로하고
길에 얹혀 가는 차창 속에서
그리움과
기다림의 날을 세며
할미의 가슴엔 잔바람이 인다

노송이 운다

라별* 뜰 안에
노송이 비를 맞고 있다

찌그러진 우산 하나라도
들었으면 좋으련만

갑자기 온다기에
저렇듯 시선을
한 곳에 두고 기다리고 있다

사십여 년 만에 곁에 온 두 손자
매일 보는
꽃보다 더 고운
손자들을 기다리는
반짝이는 눈빛
노송의 얼굴에 미소가 벙근다

   * 와룡면 지역명

아버지의 집

바람이 드나들었는지
허물어진 흙벽들 사이
둥지를 튼
거미 녀석들이 춤추듯
몸을 흔들어대는 오후

뒤뚱거리며 허리를 굽혀
추억의 조각들을 줍는다

미루나무 그림자
내려앉은 골목길 끝 아버지의 집
유년의 꿈이 익어 간 추억 깊은 곳
반쯤 헐어진 그 집엔
바람과 먼지만 드나든다

그곳이 집이었어

대문도 없는
그곳에서
할미꽃이 웃는다

흩뿌린 꽃송이를
두 손에 받아들고
두 개의
무덤 위에 앉아 불러보지만
갈바람만 횡하고 불어올 뿐
대답도 없는 곳에서
소리 없는 지붕만 어루만졌다

말을 참다

꽃 속에 벌들이
서로의 먹이를 두고
쟁탈전이다

파드득 소리 가득한 골방
들여다보아도
들리지 않는 말

흙먼지 바람 불어와
날개 접듯 날아가는 걸 보다
떼로 몰려와
상처 준 말들이 생각나 웃는다

안동댐 시판 앞 나무그늘 밑
언성이 커진 순간
야! 하고 소리라도 질러 볼걸
순간 말을 잘 참았다
내일 또 그럴지 몰라서

엄마의 목소리

봉정사 뜰안 바람 소리
들려오는 속세의 단내
바람이 삐그덕
돌쩌귀
빠진 문 틈새로
빠져나가는 순간
언니의 전화를 받았다

어디서
들어본 듯한 음성이다

분명 언니인데
엄마의 목소릴 들었다

저 바다는

눈물이 출렁
바닷물도 출렁
구름들이 몰려와 품에 안긴다

갈매기 덩달아 모여든다

손 가득 그려진 그림 한 점
미운 마음 품지 않고
바람 따라
고요 속으로 밀어낸 만큼
몽돌을 밟으며
아린 마음 모두 긁어
저 바닷물에 띄워 보낸다

시를 짓는다는 건

잘된 시를 쓰고
멋진 시를 쓰고
세상에 남을 만한
시를 쓰는 건 기록이다

내 딴엔 명시名詩다

부끄럽게 세상에 내밀었을 때
칭찬과 격려 또한 기록이다

생각 없이 달려오던 바람이
우듬지에 걸려 넘어졌지만
문장 하나 꼬여 있어
풀어도 풀리지 않은
실타래처럼 늘어진 어느 날
카톡이 운다 좋은 시詩 읽었다고

어쩔 수 없는 운명

발끝에 채인
작은 돌멩이도
나를 자빠지게 만든다

무릎에 피가 흐른다

볼때기에도
붉은 힘줄이 생긴다

뒤틀리는
다리가 자꾸 꼬인다

넘고 넘어도 삶은 그냥 힘이 든다

접은 길이 누워 있다
가깝고도 먼 길이다

걸어도 걸어도

그 길이 보이진 않지만
운명이 그렇듯
나 또한 흐트러지는 것
이길 수 없는
현실이 아프다 많이

안동은 검은 연기
― 3월 25일 늦은 오후

대피명령이다
불과 바람을 피해온 복지원 가족들
한 끼 식사 소홀하지 않을까
정성 들이던 그 순간
괴물 바람에 날아가 버린
냄비 뚜껑 하나 줍기 전
어린 손자한테 달려가고 있다

울먹이는 목소리
어머님 무서워요
도윤이랑 어떡해요

불속으로 달려가며
엄마 도윤이랑 집사람이랑
사이렌 소리 위급하다
마음이 무겁다 설마 안동 시내까지

연기가 밀려오고

멀리서 불빛이 달려온다

손자를 데리고
대구가 아닌 원주로 가란다
난 어머니 모시러 들어가니
당신들만 남겨 놓고
등줄기 땀 흘리며 딸네 집 문턱
들어서기도 전
눈물이 왈칵 아버진 할머니 모시러

기억의 편린들

새벽 동틀 때까지
시 한 편 쓴다고
무릎 곧추세우고
두들기는 자판 두 눈이 아프다

머릿속은 시詩어를 불러오고
손가락은 시詩어를 두들기고
반쯤 감긴 눈동자에 빗장을 걸고

삶과 내 안의 모든 기억
꼬리를 물고 따라 나오지만
그 기억의 편린들은
제목 없음,
공허에 물음표만 남기고 만다

사랑과 영혼

사랑이 당겼을까
영혼이 불렀을까
잎새 지는 소리에도
님을 향한
마음은 침묵이었던가

생명의 길
닫아버린 세월만큼
한없는
기다림을 채운 어느 날
은하에 닿은 넋이
별빛 타고 들어와
속삭이는 향기에
사백 년 잠에서
깨어난 원이 어매 사랑가

3월 26일 안동 산불

밀어내고 또 밀어낸다
달려오는 괴물 불덩이가
구부러진 길 따라
춤을 추며 달려간다

밀려가는 능선 따라
내 아들도 들어갔다

눈물 속에 작은 소식
들려오길 기다리는 건
어미의 마음보다
새끼를 두고 갔으니
너 또한 나 같을진대
불덩이는 밀려오고 밀려올까

하늘이여 그만하소서
내 아들도 당신의 아들들도
불구덩

기로에 서 있다는 걸
굽어 살펴주소서 제발

안동 산불 속엔

살고자 하면 살 것이다
죽자 하면 죽을 것이다

살아야 한다는 일념으로
모두를 불속에 버린 것

땟국 절은 모습으로
화마가 남긴 상흔의 흔적에
널브러진 멍멍이와 닭
그리고
까만 눈의 염소들
필사의 탈출 속에
울어대는 바람 소리 그 검은 장막

잔인했던 삼월 그믐쯤과 사월 초

고인 눈물이
더 이상 흐르지 않고 말랐다

그곳을 멍한 채
바라보는 눈의 초점이 멈출까
잡은 손 놓을 수 없다

손자를 구하고
동리 노인들을 구하고
불의 속으로
들어간 그들에겐 신은 없었다

삼켜버렸다 아주 까맣게
흔적도 없이
삼켜버린 골바람 깊은 곳
흔적 따라 길을 걷다 주저잇있다

검게 그을린 비탈길
바람 한 점 휭 울 뿐

그만하고 싶습니다

제가요 뭘 그리 잘못했습니까
도대체 뭘 그리 잘못했길래
그 긴 밤 잠 못 들게 합니까

틀어진 몸뚱이가
내 앞에 있는데
불러내심을
받아들여야만 하는지요

제가 뭘 그리 잘못했습니까
좀 봐주시면 안 되겠습니까
끌어안은 무릎 사이로 얼굴 파묻고
소리 없이 눈물 흘립니다

길 찾아가는 미로처럼
모진 삶 채우고 비우며 달려왔는데
또다시
관계자 출입금지로 들어가야 한다니

이젠 그만, 그만하고 싶습니다

창밖에 억수 비 쏟아지듯
가슴속에 비 내립니다 억수비가요

안동 산불이 가져간 사랑

불덩이가 가져간 것은
어디 재산뿐이겠는가
노부부의 삶과
남은 아이들의 통곡소리다

뜨거움을
피할 수 없었던 사람들
맞잡은 인연 끝내 지키지 못하고
과수원 뜨락에서
차디찬 병원 침상에서 강을 넘었다

코끝을 간질이는 바람도 무섭다
바람이 되돌아와 또 불을 지필까
하늬바람마저 밀어내고픈 오후

뜨거움도 원망 못 하고
산허리 굽은 듯 맞잡은 손 놓지 않고
가버린 사랑 품은 안동역 모디684 뜰안 빈소

눈물이 나요 · 1

뒤틀린 뼈의 조각들
돌릴 수 없는 세월 앞에
무너지고 있다는 걸
알았을 때 눈물의 의미를 알았다

손등에 핀 꽃
이것도 삶의 흔적인가
또 한 번 쓸쓸한 웃음을 웃는데
엊그제까지도
내 몸이 명품인 줄 알았다

칠십 년의 세월
눈꺼풀 몇 번 감았다 떴다

통증은 이미 산을 넘어가고
쏟아지는 빗물
더 이상 막을 수 없는 현실에서
가없는 신음 소리만
가르릉거리고 있다는 것 입술을 문다 아!

눈물이 나요 · 2

가시옵소서
그냥 가시옵소서
서운함인 줄 알면서도 가시라 했다

도포 속
반듯하게 잠든 모습
울음꽃 소리 따라
서러워 말아라
내사 이제 편타
그 소리 들려오듯 정갈하다

돌릴 수 없는 세월이다
돌아오지 못할 그 길
순서라지만 서러움 뒤로하고
차가움 가득 품은
노을 진 땅 위에 뉘었다

눈물이 나요 · 3

저물면 저물면
가야 하는 곳이 있다

오늘에서야
그 순리를
깊이 받아들인다

저물기 전 채우고
저물기 전 비우고
저물기 전 나누고
저물기 전 욕심과 광기를
내려놓지 못해
아픔을 참고 수평으로 앉아
달래고 달랬다

줄 것도
내줄 것도 없는 세월
고요 속에서 쏟아지는 눈물

3 / 향기

풀을 베다

흔들리는 꽃들 사이
풀과의 전쟁 중인 그가
급히 불러 허겁지겁 달려가니
발목에 선혈이 낭자하다

순간 밭고랑이
동해의 바닷길보다 더 멀었다

눈앞이 캄캄하다

예초기 날에 튀어 오른
쇠붙이가 발목에 찍혀
샘솟듯 흐르는 붉은 피
순간 옷을 찢어 감았다

산새들 울듯 나 또한 울었다

참깨꽃

줄지어 늘어선 밭고랑 깨 대궁
옹기종기 붙어 앉은
가족들의 소곤거림
바람 불어
어지럽게 흔들거리며
고요 속에 양분을 받아 마신다

밭고랑에 누워버린 꽃잎들
불러오는 배를 안고
깨 송이가 벌어져
언제 튀어 나갈지 몰라 마음이 급하다

꽃 진 자리
남은 건 진한 향기 가득 품은 깨알과
밭고랑 둔덕을 유영하는
작은 꽃잎들의 향연 뜨락에 향기를 남긴다

풀꽃

소나무
둥지를 돌아가는 바람 살갑다

발걸음 멈추고
풀숲에 숨어 핀 저 꽃
흥분하며
카메라에 담아낸다

이름 모를 들풀 속에 핀 꽃 새찹다

허무하다

옷자락에 붙어
떨어지지 않은
풀잎을 떼어 내다 보니
추억 속
아버지 따라
소 풀 베러 가던
길이 생각난다

오지 말라 하던
그 길 한 번이라도
더 따라다닐걸 허무하다

이렇게 긴 세월 볼 수 없음에

구순의 새언니

여덟 살 막내가
새언니 맞던 날
이마에 찍힌 붉은 점이
무서워
치맛자락 잡고 숨었다

역사는 시간 추억이다

수줍은 막내가
수줍어하던 그녀와 첫 만남

구순의 새언니와
같은 길
같은 곳을 바라보는 순간
칠순의 막내가
눈물 젖는 순간 시린 바람 멎었다

네 잎 클로버

찾아볼까
네 잎 클로버
행운을
찾기 위해 머리를 숙인다

길게 누운 옹이 진 곳
환하게 웃어 피는 토끼풀 덩굴
머무는 바람이
간질이듯 파르르 떤다

햇살의 조각을 품고
꽃이 지고 나서야
네 개의 잎을 찾았다

가시박꽃

언제 저리 목을 감아쥐고 있었을까

구부러진 소나무 한 그루
힘없이 늘어지고 있다

생태교란 식물 흰 가시박꽃

지나가다 스친 팔뚝에
가시 박혀
그냥 두었더니 팔이 무겁다

어느 날 그들이 몰려온다
등에 진 무거운 예초기 소리에 놀라
와글거리며
서로 부둥켜안은 멍든 가시박 줄기

아가의 울음소리

산속을 헤매다
하얀 꽃대를 밀어 올린
취나물 순을 보았다

향기에 취해
허리를 툭 잘랐다

산을 내려오다 금줄을 본다
오랜만에 보는 삼신 줄이다

취나물 향기를 품고
남실바람 넘실거리는
광풍농장 길을 따라
금줄의 신비함과
산골에서의
아가 울음소리가 왠지 찡하다

들국화

무심히 꺾어 들고 온
들국화 몇 송이
식탁 화병에 꽂기도 전
목을 늘어뜨렸다

바람과 이야기하게 그냥 둘걸
욕심을 부려 품어 안아
숨통이 막혔나 보다

소슬한 바람 흥에 겨울 새도 없이
젖멍울 부풀어 오르듯
통통한 그걸 꺾어
숨차고 흐느끼게 한 들국화 몇 송이

잔대꽃

꽃대를 밀어 올린 저 꽃
몸을 열자
진한 향기와 진물을 토해낸다

달빛이 환한 날
웃어가며 키웠는데
어느 날
흔적도 없이
땅 구멍만 휑하니 파여 있다

산길을 잡아당겨 앉아 있는데
세월을 벗어 놓고 보아도
주인 있는 잔대 밭 한 자락을
잎만 남긴 채 파내어 간
그
놈
참 미웠다

중년의 삶

아파트 현관문을 잠그고
시동을 걸려는데 열쇠가 없다

주머니 속을 털고
가방을 뒤집어 털어도 없다

전화기를 들고
전화를 걸려다 화들짝 놀랐다
전화기가 아닌
리모컨 쥐고 길을 나선 것이다

시동을 걸고 전화를 하고
삼십 킬로미터를 달려
가까스로 결혼식장에 닿았다

잘 차려입은 투피스
발아래 검정 슬리퍼가
빙그레 웃고 있는 이건 또 뭔가
중년의 삶 속에 깜빡이 기억이 서럽다
하늘의 구름이 운다 나도 따라

희망과 고통

바다가 검다
물결 우는 소리만 들릴 뿐

멀리서 반짝이는 배는
고기 잡으려 서성이지만
난 무엇을 얻고자 서성이고 있나

세월의 깊이가 길어질수록
고통은 통증뿐
할 수 있는 건 참아내는 것

몸서리치는 약물로 결국
토악질을 하고 만다 참 힘겹다

산해당화 술

마시지 못하는 술을 마셨다

은은한 향기에 취해
홀짝거리며 마신 탓에
붉은 꽃이 피어오른다

여자에 좋다 하여 마신
해당화 꽃술 과유불급
단어가 생각나는
나른한 오후 술에 절었다

강아지풀꽃

보슬거리는
풀잎을 뽑아 들고
반 갈라서 코밑에 붙이자
자연의 수염이
나를 지배하는 오후

소나기 바람인가
마당을 두드리며
일어서는 바람 한 줄기
널어 둔 붉은 대추가 아우성이다

연보랏빛 들꽃
파르르 몸을 떨며 휘청거리자
놀란 벌떼들 달아나듯 나도 뛴다

꼭두서니꽃

걸음이
엉키는 팔부능선 영남산
올라서면 다랑이 논
조각보처럼 고운데
산오리나무에 반쯤
걸려있는 햇살 한 줄기
검은 천막 속
숲길에
오롯이 핀 저 꽃도
저승꽃 핀 지 오래

아직은 이대로

어둠에서 벗어나게 하소서
비바람 불어
얼굴에 생채길 남겨도
늘 그 자리 있게 하소서

이웃들과 공생하며
양지바른 언덕에
모여 살게 해 주소서

마음을 치유하며
딱따구리 둥지 파는 소리
그 소리 따라 자중하겠다고

제비꽃

보도블록 사이
좁은 공간 속
제 땅 제집인 양
둥지를 틀고 꽃을 피웠다

올려다보니
속없는 높은 하늘
가슴에 스며드는
작은 새싹은
보랏빛 꽃잎으로
치장을 하며 고개를 내민다

낮은 곳
아주 낮은 곳에서
어떤 이야기들을 주워 담을까
오늘 발자국
진하게 남아 상흔의 흔적만 남았다

미소다방

두 개의 봉긋한
가슴을 열며
미소로 웃는 그녀가 있다

눈빛이 울고
표정이 말하는 모습에
삶의 익은 농도가
전해져 오는 순간
물속을 유영하는 모습 어리다

세월을 이길 수 없는
칠십의 모습에서
기둥서방처럼 매달고 있는
이름 하나 미소다방

오늘도 달린다
깊은 물속에서 울지라도

4/상흔

길을 걷다

위장하듯 변장하듯
마스크를 눌러 쓰고 길을 걷다

어두워야 잘 보이는
그믐밤 하늘

별이 그랬다
네가 그랬다

돌이킬 수 없는 언어의 장벽
온갖 감언이설을 녹여버리고
위선의 마스크를 벗어던지면
환하게 웃으며
봄 오듯 꽃 오듯
올 수 있을까
산마루에 선 나무의
우듬지를 우러르며 길을 걷는다

바람 되어

하루에도 몇 번씩 얼마나 꿈꾸던 일탈인가

애써 초라한 자아를 감추고 조용히 문을 열고

자취도 없이 사라지고 싶어지는 오후

남은 정 아릿함으로 하여 머무는 바람 되게 하소서

말 그 한 마디의 상처

덤비는 바람 줄기에 상처를 받았다

두문불출
창 속에 갇힌 그녀는
인내의 시간 속에 한 줄의 시심詩心을 심었다

훗날 똑같은 그날, 그런 날 있을 거다 너도

잘났어

카톡카톡이 전해주는 말
그 언어에 울고 웃었다

산그늘과 친구하며
살고 있는 늘그막 나는
속없이 깊은 하늘만 바라본다

톡이 운다 보내온 글 속에
깜냥도 안 되는… 그 언어 지우질 못했다

진정성 카톡의 언어에는
보이지 않는 기류가 흘러
가슴 시리도록 되돌아오는 메아리다

책을 펼쳐본다 뜻을 찾아

절름발이 나는

어느 꽃들이 아픔 없이 피어날까

전설을 가진 할미꽃이나
그리움을 품은 동백꽃이나
사연 하나씩 품고 있다는 걸

여지없이 퍼붓는 가을비
맞아도 상처 없이 흔들릴 뿐
천성인지
빙그레 웃는 나는 절름발이

어쩌다 물어본다
왜 다릴 절어요?

그냥, 이라고 하지만
툭 던지는
한마디의 상처에 골은 깊다

〉
그만 받을 만한 세월인데
슬프다 절름발이 나는

눈물의 사부곡

위치를 알고 본분의 행동을 익히고
바로 살고자 하는 것도 뼈대가 있어서다

아픈 말 서러운 말 듣고
이해하며 사는 것 뼈대가 있어서다

찾는 이 없는 무인도
태풍 바람 소소한 이야기 들으면
품고 가는 것도 섬만의 뼈대가 있어서다

뼈대만을 운명처럼 말하시던 아버진
흔들림의 의미 상실을 잃지 마라
그 소리 가슴속 명징처럼 들려오는데
불러도 대답도
흔적도 없는 당신 보고 싶다 순간

방콕에서

만년필 하나가
한 편의 시작도 덜 된
시어들의 매듭을 풀려고
끄적거리며 글 길을 간다

책상 끄트머리 위에
놓여진
물 건너온 만년필

헐렁한 돌쩌귀
달달거리는 문 틈새로 들어오는
방언을 주워
행복의 방콕에서 행복의 시를 쓴다

사랑이 무엇인지

긴 세월 욕창 날까
부끄러움 삼키며
치부를 드러내고
두 눈 감으셨네

청춘의 사랑
그 사랑 무엇인지
홀로 두고
객지를 떠돌며
오 남매 키우게 하더니

군용차 소리
대문간에 멈춘 지 오래
잠시 머물다 갈
아저씨라 생각했네 울 아버지

어찌 고것밖에 못 사시었소

초롱불 심지 키우고
바구니 품어 바느질하던 울 엄마
까만 밤 까만 눈동자
불빛 보며 홀로 그리움 키웠다

싸리문 바람 소리에 삐그덕 울면
당신이요, 들창문 열던 울 엄마

바람이 머물지 않고
대문을 스쳐 지나간 육십 년의 세월
고것 살려고
그리도 기다렸는지
돌아보니 참 불쌍한 울 엄마였네
육십삼 세 고것 살려고

부부로 산다는 건

여보
가슴 졸이며 걸어왔던
지난날들을
잊은 건 아니지만
이제는 조금
천천히 걸어가고 싶소
바라보며
네 탓도 내 탓도 아니기에
긴 세월
수고했어 사랑했어
그 말 한마디
부끄러워 하지 못하고
쇠심줄보다 질긴
업보의 생을 놓고
저울질하던 그때
품고 안아 주어
진정 고맙고 고맙소

몽돌의 사랑

바다가
해를 품고
일렁이는
그 사이 둘러앉아
파도에
사랑 놀음하는
몽돌의 사연을 보았다

깜장이도
하양이도
파도가 토해낸
거품을 목에 두르고
누워 하늘을 본다

해무海霧가 걷힌다
기다림이 눈부시다

그땐 그랬어

긁어낼 것도 없는데 긁는다

왜 그랬을까
떼를 지어 달려와
서로 아닌 듯
다그치던 그들이
옥엽이 되어간다

박물관 옆 벚나무 길
서른 개의 시판들
안개 속에 미소를 보이고 있는데
그 속에 고함과 울먹임은
해서는 안 될
말들을 하곤 무더기로 걸어간다

거기도, 거기도, 또 거기도…

돌아서 벽에
머릴 꽝꽝 박고 싶은 그 날
그땐 그랬다 어이없어

그날의 아픔

지금도 숨을 쉴 수가 없다

그날의 아픔을
흐르는 물에 상처를 씻고
흐르는 물에 눈물을 얻어
나직나직
따라오는
그림자 사이
낮달을 이고 선 박물관 뜨락
물안개 껴안고
춤이라도 출 시판들이
눈물을 쏟는다 안개 강 언덕에서

이별은 아프다

마음속 그널 지웠다
도움도 되었고 속도 채웠다

안고 싶었는데
잡힐 것 같은데 잡히지 않은 그

오늘 진하게 또 지웠다
그렇게 이별 아닌 이별을 했다
돌아올 수 없는 긴 이별

밤을 주우며

웬걸 주인이 주우라 할까
몰래 숨어든 밤 밭
툭 치니
숨었던 밤들이
후드득 떨어져 나온다

푸른 투정 가두고
입술 반 열어 밀어낸 밤알들이
언제 튀어갈지 몰라
손이 바빠지는 오후 내내

박물관 뜰에서나 볼 수 있는
목 없는 부처가
등푸른 이끼 옷을 입고
나뭇잎 속에 숨이 웃고 있다

빛바랜 털모자

버릴 수 없는
그리움 간직하고 있다
당신이
밤새 짜준 털모자 하나
쪼그라진
몸뚱이로 내 눈을 보고 있다

버릴 수 없는 것

휘어진 등줄기에
고통을 몰아다 주는 순간
보았네 빛바랜 털모자 하나

노을

고요가 부르는

교회당 종소리 그 소리 따라 길을 나선다

바람이 곁에 슬며시 들어와 손깍지를 낀다

문을 열고 들어서자 고요 속 음악이 흐른다

두 손 마주 잡고 기도한다

노을이 익기 전 그 아이 한 번쯤 품고 싶다고

항아리

잘난 항아리
못난 항아리
금이 간 항아리
깨지고 조각난 항아리
불구덩이 속에서 태우고 익혀
탄생한 주둥이 좁은
항아리 속을 들여다본다

제비꽃도
꽃다지 꽃도
망초꽃도
제집인 양 둥지를 튼
그곳은 들풀들의 천국
떨어지는 빗물 소리 정겹게
들려오던 관설동 675번지 뜰안

어긋장

흔들림의 마음속 동요를
공중에
그리면서 놓지 못하고
고요히
떠받치고 있는 건 무슨 연유일까

얽은 달빛 사이
기둥서방처럼 걸터앉아
어긋장 부리는 두 얼굴
알 듯 모를 듯
엷은 미소 한데 뭉쳐
적막과 고요를 다져넣으니
참아 낸 만큼
수작이 허, 미운 봄날이다

| 해설 |

눈물의 시학, 치유와 공감의 언어
— 박병래 시세계

권갑하(시인·문화콘텐츠학 박사)

해설

눈물의 시학, 치유와 공감의 언어
― 박병래 시세계

권갑하 | 시인·문화콘텐츠학 박사

1.

박병래 시인의 시집을 읽다 보면, 생전 백수 정완영 선생께서 자주 하시던 말씀이 떠오른다. "눈물이 바닥에 많이 깔려야 좋은 시가 된다." 그렇다. 박 시인의 시를 읽을수록 그 눈물이 어느새 내 마음을 적신다. 억지로 짜낸 울음이나 과장된 감정이 아니다. 오랜 세월 가슴속 깊이 고여 있던 속울음을 정직하게 길어 올린 정서가 독자의 마음에 잔잔한 파문을 만든다. 시 한편 한편에 스민 떨림과 울림은 말갛게 번진 눈물처럼 가슴에 스며든다.

박 시인의 눈물은 상처를 덮거나 피하지 않는다. 그

는 그 상처를 정면으로 바라보고, 기꺼이 껴안는다. 그의 시는 눈물 속에서 피어난 꽃 같으며, 그 눈물은 독자에게 공감과 치유로 이어지는 다리가 된다. 눈물은 슬픔의 끝이 아니라, 시가 움트는 시작점이자 마음 깊은 곳을 건드리는 조용한 울림이다.

눈물과 시는 같은 샘에서 솟는다. 눈물은 말보다 먼저 흐르는 몸의 언어이고, 시는 그 떨림을 언어로 옮긴 예술이다. 플라톤이 말한 카타르시스처럼, 눈물은 마음의 질서를 회복시키는 정화의 힘을 지닌다. 동양에서도 다르지 않다. 공자는 "지극한 정情은 움직여야 시가 된다."고 했다. 정이 극에 달했을 때 흘러나오는 눈물이야말로 시의 뿌리라는 뜻이다. 이백과 두보의 시에서도 눈물은 인간 됨의 증표였고, 자연과 인생의 진실 앞에서 흘린 고요한 울음이었다. 이렇듯 눈물은 동서양을 막론하고 문학과 철학, 예술과 종교를 가로지르며 인간 감정의 정수이자 존재의 증거로 남아 있다.

이러한 맥락에서 박병래의 이번 시집 『눈물이 나요』는 더욱 깊은 울림을 준다. 제목 그대로 '눈물'을 중심에 둔 작품집이지만, 그 눈물은 단순한 슬픔이 아니다. 그 속에는 기억과 아픔, 상실과 연민, 그리고 치유와 회복의 여정이 함께 깃들어 있다.

박 시인에게 '눈물'은 감정의 표출을 넘어, 그의 삶이

압축된 형상이다. 그는 오랫동안 병마와 싸우며 무거운 일상과 삶의 굴곡을 온몸으로 마주했다. 감당하기 힘든 고통과 상실, 가족과 사회 속에서 겪은 수많은 일들이 결국 '눈물로 살아온 시간'으로 응축되었을 것이다. 그러나 그는 그 눈물을 흘려보내지 않고, 삶의 증거이자 시의 씨앗으로 바꾸어 귀한 언어를 길어 올렸다.

그에게 삶은 곧 눈물이고, 시는 그 눈물을 견디고 건너가는 방법이다. 눈물은 슬픔의 종착지가 아니라, 언어가 시작되는 자리다. 시인은 그 깊은 곳에서 시를 빚으며 삶을 다시 바라보고 회복의 길을 열어간다. 그래서 그의 시에는 슬픔과 연민이 스며 있으면서도, 그 너머에 따뜻한 긍정의 빛이 번진다. 눈물에서 시작된 시는 독자의 마음속에서 또 다른 눈물로 되살아난다. 이렇게 삶에서 눈물로, 눈물에서 시로, 시에서 다시 삶으로 이어지는 순환이야말로 박병래 시의 빛나는 길이며, 우리의 마음을 어루만지는 치유의 언어다.

2.

이번 시집에서 박병래 시 세계의 중심 모티프는 '눈물'이다. 그러나 그것은 단순한 감정의 폭발이 아니다. 고통과 상실, 기억과 연민, 치유의 여정을 통과한 뒤 맺힌 존재의 언어다. 그는 삶의 상처를 눈물로 감싸고, 이별과 기억을 되새기며, 타인의 고통에 공감하고, 마침내 그 눈물로 스스로를 치유한다. 이러한 특성을 토대로 그의 시에 스민 '눈물의 정서'를 상처, 이별, 기억, 연민, 치유의 다섯 주제로 살펴본다.

1) 상처와 자각의 눈물

박 시인의 시는 삶이 남긴 육체적·정신적 고통을 마주하는 데서 비롯된다. 병마와 세월이 빚어낸 부서짐과 쇠락을 외면하지 않고, 시 속에서 정면으로 바라본다.

뒤틀린 뼈의 조각들
돌릴 수 없는 세월 앞에
무너지고 있다는 걸
알았을 때 눈물의 의미를 알았다

손등에 핀 꽃
이것도 삶의 흔적인가
또 한 번 씁쓸한 웃음을 웃는데
엊그제까지도

내 몸이 명품인 줄 알았다

칠십 년의 세월
눈꺼풀 몇 번 감았다 떴다

통증은 이미 산을 넘어가고
쏟아지는 빗물
더 이상 막을 수 없는 현실에서
가없는 신음 소리만
가르릉거리고 있다는 것 입술을 문다 아!
-「눈물이 나요·1」 전문

"무너지고 있다는 걸/ 알았을 때 눈물의 의미를 알았다"는 고백은 이 시의 핵심이자, 박 시인의 시 세계를 함축한다. 몸의 통증과 세월의 그림자가 겹치는 순간, 시인은 늙어감과 존재의 연약함을 깨닫는다. 한때 '명품'이라 믿었던 몸조차 세월 앞에 무너지고, 그 자리에 눈물이 솟는다. 그러나 이 고통은 자학으로 흐르지 않고 존재의 바닥에서 길어 올린 진실로 승화된다. 절제된 언어 속에 응축된 체험의 밀도가 돋보인다.

「눈물이 나요·1」은 박병래 시에서 '진정성'과 '체험시' 정신이 가장 선명하게 드러난 작품이다. 늙어감, 상실, 존재의 균열이 견딜 수 없는 무게로 다가올 때, 시인은 눈물로 반응한다. 그러나 그것은 무력함의 눈물이 아니라 자각의 눈물, 존재를 인식하는 순간 터져 나오는 생의 언어이자 몸의 언어다. 노년의 깨달음을 시적 진실로 빚어낸 이 작품은 시집의 제목과 핵심 정서를 가장 잘 드러내는 대표작이다.

  삶의 꽃 시詩를 쓴다
  붉어지는 눈가에
  흐르는 눈물 조각을 주워
  칸을 메우며 삶을 노래한다

  허나, 채우는 만큼
  또 비워진다는 건
  놋숟가락에 낀
  청녹을 벗겨내는 만큼 힘이 든다

  씻어 문질러도
  지워지지 않는 팔자주름
  세월 가니 익어간다지만
  언제 접혔는지 펴지질 않는다

  내가 걸어가야 할 길이지만
  달빛에 깎인 고갯마루 올라서
  걸어가는 고요 속 그림자
        - 「숨만 쉬어도 늙는다 · 2」 전문

이 시에서 시인은 세월과 육신의 변화를 회피하지 않고 담담히 마주한다. 첫 연의 '삶의 꽃 시를 쓴다'는 선언은, 시를 단순한 창작이 아니라 삶의 기록이자 증언으로 여기는 시인의 태도를 잘 보여준다. 붉어진 눈가, 흐르는 눈물 조각, 칸을 메우는 행위는 시인이 자신의 상처와 감정을 작품 속에 이식하는 과정이다. 그러나 이 채움은 동시에 비움이기도 하다. 시를 쓰는 일은 '놋숟가락에 낀 청녹'을 벗겨내는 것처럼 고되고 힘든 작업이다. 여기서 청녹은 세월의 때이자 고통의 퇴적물이다.

둘째 연의 팔자주름은 단순한 외모의 변화가 아니라 인생의 주름살이다. 씻고 문질러도 지워지지 않는 주름은 되돌릴 수 없는 세월과 존재의 흔적을 상징한다. '세월 가니 익어간다지만'이라는 흔한 위안 뒤에, 시인은 '언제 접혔는지 펴지질 않는다'며 그 위안을 거부한다. 이는 삶의 상처가 여전히 현재진행형임을 인정하는 자각이다.

마지막 연의 '달빛에 깎인 고갯마루'는 노년의 경계이자 고독의 상징이다. 그 위로 걸어가는 고요한 그림자는 시인 자신이며, 병과 세월, 상처를 안고 가야 하는 불가피한 생의 여정을 담담히 그린다. 이 장면은 체념이나 절망이 아니라, 깨달음을 통해 삶을 받아들이는 정서로 다가온다.

이 시에서의 눈물은 단순한 슬픔이 아니다. 그것은 세월이 새긴 흔적을 부정하지 않고, 몸과 마음의 변화를 있는 그대로 받아들이는 성찰의 눈물이다. 「숨만 쉬어도 늙는다·2」는 박병래 시가 지닌 체험시적 진정성을 선명하게 보여주며, 고통과 마주한 시인의 존재 인식이 어떻게 언어로 전환되는지를 보여주는 수작이다. 리듬과 운율의 내면화 또한 탁월하다.

2) 이별의 눈물

삶은 끊임없는 이별의 연속이다. 박병래 시인은 가족의 죽음과 상실을 통과하며, 그 이별이 남기는 슬픔을 절제된 언어로 형상화한다.

아버지 떠나셨다

팬데믹 세상에서

혹여, 아닐 거라 믿었건만

못된 코로나에 손 잡혀

그리 가실 줄 몰랐다

아버지 떠난 봉당 귀퉁이

청려장靑藜杖 하나

고요의 밤바람

살며시 품어 기다리고 있다는 것을

- 「청려장靑藜杖」 전문

  이 작품에서 이별은 단순한 사건이 아니라, 존재의 결핍과 부재를 온몸으로 자각하는 순간이다. 「청려장」은 아버지를 코로나로 떠나보낸 현실을 바탕으로, 그 이별의 무게를 상징과 절제된 애도의 언어로 풀고 있다.

  첫 연에서 '혹여, 아닐 거라 믿었건만'은 부정과 희망이 교차하던 찰나의 마음을 드러낸다. 그러나 '못된 코로나에 손 잡혀'라는 표현은 팬데믹이라는 시대적 비극이 한 가족의 상실과 직결되는 장면을 날카롭게 포착한다. 개인적 이별이면서도, 동시대의 집단적 상흔을 반영한다는 점에서 의미가 깊다.

  둘째 연의 '청려장'은 단순한 지팡이가 아니다. 유교 문화권에서 청려장은 노인의 상징이자 삶의 무게를 버텨온 존재의 표징이다. 시인은 아버지가 떠난 봉당 귀퉁이에 놓인 청려장을 '고요의 밤바람이 품고 있다'고 읽는다. 사물과 공간을 매개로 부재를 느끼게 하면서, 그곳에 여전히 고인의 기운이 머물고 있음을 전한다.

「청려장」의 눈물은 격정의 폭발이 아니라 절제된 애도의 울음이다. 직접적인 감정 토로 대신, '기다리고 있다는 것을'이라는 여운 속에 이별의 슬픔과 그리움이 번진다. 시인은 눈물을 드러내지 않음으로써 오히려 깊은 울림을 만든다. 이별의 눈물은 여기서 단순한 상실감을 넘어, 남겨진 자가 기억과 사물 속에서 고인을 다시 품는 방식으로 나타난다. 이 작품은 박병래 시의 특징인 '절제된 슬픔'과 '사물로 마음을 표현하는 방법'이 잘 드러난 작품이다.

가시옵소서
그냥 가시옵소서
서운함인 줄 알면서도 가시라 했다

도포 속
반듯하게 잠든 모습
울음꽃 소리 따라
서러워 말아라
내사 이제 편타
그 소리 들려오듯 정갈하다

돌릴 수 없는 세월이다

돌아오지 못할 그 길
순서라지만 서러움 뒤로하고
차가움 가득 품은
노을 진 땅 위에 뉘었다

- 「눈물이 나요·2」 전문

이 시에서의 이별은 예고 없는 비극이 아니라, '순서라지만' 피할 수 없는 생의 법칙을 받아들이는 슬픔이다. 그러나 그 수용은 담담하지 않고, 서러움을 꾹 눌러 담은 채 이루어진다.

첫 연의 "그냥 가시옵소서"라는 반복은 겉으로는 허락이지만, 그 안에는 붙잡고 싶은 마음을 애써 숨기는 역설이 있다. "서운함인 줄 알면서도 가시라 했다"는 구절에는 이별을 받아들이려는 자기 설득과 미련이 동시에 배어있다.

둘째 연의 '도포 속/ 반듯하게 잠든 모습'은 죽음 이후의 평온함을 전한다. 그러나 그 평온함은 "울음꽃 소리 따라/ 서러워 말아라"라는 구절에서 보이듯, 남겨진 이의 울음을 달래려는 내면의 목소리와 겹친다. "내사 이제 편타"는 고인의 음성이 들려오는 듯한 전환이며, 죽은 자의 안식과 남겨진 자의 위안이 교차하는 장면을 만든다.

마지막 연의 "돌릴 수 없는 세월"과 "돌아오지 못할 그

길"은 죽음의 불가역성을 함축한다. '순서라지만'은 부모와 자식 간 이별의 필연성을 인정하는 말이지만, 그 사실이 슬픔을 덜어주지는 않는다. 마지막의 "차가움 가득 품은/ 노을 진 땅 위에 뉘였다"는 장례의 순간을 차분히 묘사하면서, 땅과 노을의 색채로 이별의 쓸쓸함과 장엄함을 함께 완성한다.

3) 기억의 눈물

박병래 시인의 시에는 사라져간 시간, 돌아갈 수 없는 장소, 떠난 이들에 대한 회상이 자주 등장한다. 그러나 그의 회상은 단순한 미화가 아니라, 기억 속 슬픔을 통해 자아를 다시 세우려는 서정적 태도를 드러낸다.

높다란 담장 안에 이는
바람 한 점도 따뜻하다
세월이 흘러갔어도
어머니 품속이다 대한민국은

조선의 열네 살 옹주로 떠나
폭풍우 치는 삶속에
혼란 속 아픔 가득

불면의 밤을 다독이며
대한민국 품 안에 안겼다

두 손 합장하며
젖어오는 울림의 기억은 버리고
약하다는 것 부족함이었으니
남은 한恨 부질없다 허공에 걸쳐두고
해를 하나씩 걷어내고 바람꽃으로
하얀 수의 입은 날 행복했을까
바람에 이는 향기를 깨물어 본다
ㅡ「열네 살, 나는 옹주다」 전문

 이 시에 담긴 '기억'은 개인을 넘어, 역사와 함께한 집단의 기억까지 품고 있다. 화자는 '조선의 열네 살 옹주'라는 인물에 감정을 이입해, 나라를 잃고 타국으로 유배되어 고단하게 살아야 했던 삶을 그린다. 그러나 회상은 한恨에만 머물지 않고, 이해와 화해로 나아간다. 대마도에서 느낀 공간의 온기와 조국의 품은, 과거의 상실과 현재의 귀환을 대비시키며 울림을 깊게 한다. 마지막에서 화자는 한을 내려놓고, 죽음마저 평온하게 받아들이는 순간을 보여준다. 이 눈물은 미움이 아니라 받아들이고 풀어내는 울음이다. 그렇게 기억을 딛고 자신을 새롭게 세워 가는 길을 보여준다.

위치를 알고 본분의 행동을 익히고
바로 살고자 하는 것도 뼈대가 있어서다

아픈 말 서러운 말 듣고
이해하며 사는 것 뼈대가 있어서다

찾는 이 없는 무인도
태풍 바람 소소한 이야기 들으면
품고 가는 것도 섬만의 뼈대가 있어서다

뼈대만을 운명처럼 말하시던 아버진
흔들림의 의미 상실을 잃지 마라
그 소리 가슴속 명징처럼 들려오는데
불러도 대답도
흔적도 없는 당신 보고 싶다 순간

- 「눈물의 사부곡」 전문

  이 시에서 '뼈대'는 단순한 구조가 아니라 존재를 지탱하는 가치와 원칙이다. 아버지가 심어준 삶의 기준과 도덕적 토대, 외로움 속에서도 자신을 지키는 내면의 힘이 '섬의 뼈대'로 비유된다. 마지막 연에서 시인은 그 가르침을 여전히 가슴속에서 듣지만, 부재의 현실과 그리움에 마주한다. 이 눈물은 단순한 상실이 아니라, 기억 속에서 여전히 이어지는 대화이며, 아버지의 삶의 철학이 지금도 시인의 내면을 지켜주고 있음을 보여준다.

4) 연민의 눈물

박병래 시의 또 다른 힘은 타인의 고통을 '나의 눈물'로 번역하는 능력이다. 안동 산불을 다룬 연작시는 그 대표적인 예다.

> 대피명령이다
> 불과 바람을 피해온 복지원 가족들
> 한 끼 식사 소홀하지 않을까
> 정성 들이던 그 순간
> 괴물 바람에 날아가 버린
> 냄비 뚜껑 하나 줍기 전
> 어린 손자한테 달려가고 있다
>
> 울먹이는 목소리
> 어머님 무서워요
> 도윤이랑 어떡해요
>
> 불속으로 달려가며
> 엄마 도윤이랑 집사람이랑

사이렌 소리 위급하다
마음이 무겁다 설마 안동 시내까지

연기가 밀려오고
멀리서 불빛이 달려온다

손자를 데리고
대구가 아닌 원주로 가란다
난 어머니 모시러 들어가니
당신들만 남겨 놓고
등줄기 땀 흘리며 딸네 집 문턱
들어서기도 전
눈물이 왈칵 아버진 할머니 모시러
  — 「안동은 검은 연기(3월 25일 늦은 오후)」 전문

  이 시는 안동 산불을 배경으로, 재난 속 한 가족의 절박한 순간을 담고 있다. 거대한 화마의 전경보다 가족을 지키려는 세밀한 움직임에 초점을 맞추며, 공포 속에서도 드러나는 애틋한 관계와 책임감을 보여준다. 아이의 두려움, 가족에게 달려가는 모습, 문턱에 닿기 전 터져 나온 눈물은 재난 속 인간다움의 모습이다. 이 눈물은 단순한 동정이 아니라 타인의 고통을 자기 안에 품는 연민이며, 박병래 시 세계의 따뜻한 기둥을 이룬다.
  이어지는 「안동 산불 속엔」, 「잔인했던 삼월 그믐쯤과

사월 초」, 「안동 산불이 가져간 사랑」 시편 또한 안동 산불 참사를 기록한 증언시로, 재난의 현장을 담담히 응시하며 타인의 고통을 껴안는 자세를 견지한다. 이 시편들은 생존과 죽음의 경계, 가족을 지키다 숨진 이들의 비극, 그리고 사랑과 삶의 상실을 구체적 이미지와 절제된 언어로 형상화한다. 이들의 눈물은 단순한 슬픔이 아니라 공동체의 상처를 함께 지는 연민의 울음으로, 박병래 시의 애도와 공감의 시학을 잘 드러낸다.

5) 치유의 눈물

박병래 시의 진면목은 눈물을 머금은 시가 끝내 회복의 언어로 나아간다는 데 있다.

잘된 시를 쓰고
멋진 시를 쓰고
세상에 남을 만한
시를 쓰는 건 기록이다

내 딴엔 명시名詩다

부끄럽게 세상에 내밀었을 때

칭찬과 격려 또한 기록이다

생각 없이 달려오던 바람이
우듬지에 걸려 넘어졌지만
문장 하나 꼬여 있어
풀어도 풀리지 않은
실타래처럼 늘어진 어느 날
카톡이 운다 좋은 시詩 읽었다고

— 「시를 짓는다는 건」 전문

  이 시는 박병래 시 세계에서 치유의 눈물이 어떻게 언어로 형상화되는지를 잘 보여준다. 시인은 먼저 "잘된 시를 쓰고/ 멋진 시를 쓰고/ 세상에 남을 만한/ 시를 쓰는 건 기록이다"라고 단언한다. 여기서 '기록'은 단순한 창작이 아니라, 삶의 흔적을 남기고 자신을 증명하는 행위다. "내 딴엔 명시名詩다"라는 짧은 고백에는 시를 통해 자존을 회복하고 스스로를 위로하려는 마음이 담겨 있다. 시적 자존은 타인의 공감과 맞닿는다. "부끄럽게 세상에 내밀었을 때/ 칭찬과 격려 또한 기록이다"에서, 타인의 응답이 시인을 살리는 치유의 힘이 됨을 알 수 있다. 마지막 구절 "카톡이 운다 좋은 시詩 읽었다고"는 소소한 한마디가 굳게 엉킨 마음의 '실타래'를 풀어주는 순간을 상징한다. 이 시의 눈물은 절망이 아니라, 인정과 격려를 발판 삼아 다시 일어서는 회복의 눈물이다.

> 바다가
> 해를 품고
> 일렁이는
> 그 사이 둘러앉아
> 파도에
> 사랑 놀음하는
> 몽돌의 사연을 보았다
>
> 깜장이도
> 하양이도
> 파도가 토해낸
> 거품을 목에 두르고
> 누워 하늘을 본다
>
> 해무海霧가 걷힌다
> 기다림이 눈부시다
>
> 　　　　　　　　　　　　－「몽돌의 사랑」전문

「몽돌의 사랑」은 치유의 눈물이 가장 맑게 드러나는 시다. 바다와 해는 포용과 따뜻함을, 몽돌은 상처 입은 마음을 상징한다. 시 속 "파도에/ 사랑 놀음하는/ 몽돌의 사연"처럼, 한때 위협이던 파도마저 이제는 사랑의

장난으로 변하며, 차이와 대립을 넘어선 평온이 찾아온다. 또한 "해무海霧가 걷힌다/ 기다림이 눈부시다"는, 긴 시간 고통 속에 가려져 있던 시야가 열리고, 그 끝에서만 만날 수 있는 환한 회복의 순간을 보여준다. 해무가 걷히고 남은 것은 고통을 지나온 자만이 누릴 수 있는 눈부신 기다림이다. 이 눈물은 좌절이 아니라, 회복과 평화를 머금은 잔잔한 울음이다.

잘난 항아리
못난 항아리
금이 간 항아리
깨지고 조각난 항아리
불구덩이 속에서 태우고 익혀
탄생한 주둥이 좁은
항아리 속을 들여다본다

제비꽃도
꽃다지 꽃도
망초꽃도
제집인 양 둥지를 튼
그곳은 들풀들의 천국
떨어지는 빗물 소리 정겹게
들려오던 관설동 675번지 뜰안

― 「항아리」 전문

「항아리」는 상처와 치유를 동시에 품은 존재의 은유다. 시인은 잘난 항아리와 못난 항아리, 금 간 항아리와 깨진 항아리를 나열하며, 완전함과 불완전함이 공존하는 세상의 모습을 압축적으로 보여준다. 특히 "불구덩이 속에서 태우고 익혀"라는 구절은 인생의 고난과 시련을 도자기 굽는 과정에 빗대어, 상처를 단단함으로 바꾸는 시간을 형상화한다.

항아리 속에 자리한 제비꽃, 꽃다지, 망초꽃은 척박한 그릇 속에서도 생명이 움트는 회복의 이미지를 제공한다. 들풀들의 천국이 된 그 속은, 결핍과 파손이 오히려 새로운 생명을 품는 자리가 될 수 있음을 상징한다. 마지막의 "떨어지는 빗물소리 정겹게/ 들려오던 관설동 675번지 뜰안"은 시인의 구체적 기억을 불러와, 치유가 추상적 관념이 아니라 삶 속에서 경험되고 발견되는 것임을 보여준다.

이 작품의 눈물은 깨짐과 흠집을 있는 그대로 받아들이는 데서 비롯된다. 그것은 자신과 타인의 상처를 차분히 품고, 그 속에서 생겨난 온기와 너그러움을 전하는 울음이다. 이렇게 「항아리」는 상처를 덮는 치유가 아니라, 상처와 함께 살아가는 회복의 시학을 보여준다.

3.

  지금까지 박병래 시를 다섯 주제로 살펴보았다. 그는 시 창작뿐 아니라 문학 활동에서도 누구보다 열정적이다. 등단 이후 『그래 기적이야』를 비롯해 세 권의 시집을 펴냈으며, 다수의 문학상을 수상하며 작품성을 인정받았다. 또한 각종 문학 단체의 회장과 임원을 맡아 지역 문학 발전과 후학 양성에 힘써왔다. 이러한 행보는 시에서 느껴지는 따뜻한 시선과 공동체적 마음이 삶 속에서도 이어지고 있음을 보여준다.
  이번 시집 『눈물이 나요』를 관통하는 정서는 눈물이다. 그러나 그것은 단순한 감상이나 순간의 슬픔이 아니다. 그의 눈물은 상처를 마주하는 용기이며, 이별을 품는 절제다. 그것은 기억으로 자신을 다시 세우는 힘이자, 타인의 고통을 함께 짊어지는 연민이다. 그리고 끝내 회복으로 나아가는 치유다.
  시집 속 눈물은 여러 갈래로 흐르지만, 결국 한곳으로 모인다. 그것은 사람을 살리는 말이다. 박 시인의 눈물은 꺾이지 않는 삶의 증언이자, 개인을 넘어 공동체의 기억과 시대의 상처까지 품어내는 언어다. 팬데믹, 망향, 재난의 순간이 시인의 눈을 거쳐 '우리의 눈물'이 된다. 그 눈물은 기록이며 위로이고, 애도이자 희망이다.

이 시집은 눈물로 세상을 견디고 사람을 살리는 길을 보여준다. 삶에서 눈물로, 눈물에서 시로, 다시 시에서 삶으로 이어지는 순환 속에서 시인은 자신과 타인, 세상을 함께 끌어안는다. 그 눈물은 가장 인간적인 언어이며, 오래도록 남는 위로다.

라온현대시인선 07 **박병래 시집**

눈물이 나요

인쇄 | 2025년 9월 26일
발행 | 2025년 9월 30일

글쓴이 | 박병래
펴낸이 | 장호병
펴낸곳 | 북랜드
  04556 서울 중구 퇴계로41가길 11-6, JHS빌딩 501호
  41965 대구 중구 명륜로12길 64(남산동)
  전화 (02)732-4574, (053)252-9114
  팩스 (02)734-4574, (053)252-9334
  등록일 | 1999년 11월 11일
  등록번호 | 제13-615호
  홈페이지 | www.bookland.co.kr
  이-메일 | bookland@hanmail.net

책임편집 | 김인옥
기   획 | 전은경
교   열 | 서정랑

ⓒ 박병래, 2025, Printed in Korea
저자와의 협의하에 인지를 생략합니다.

ISBN 979-11-7155-169-9 03810
     979-11-7155-170-5 05810 (e-book)

값 12,000원